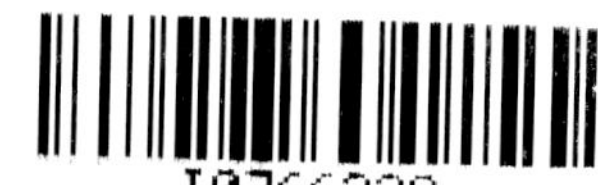
I0766228

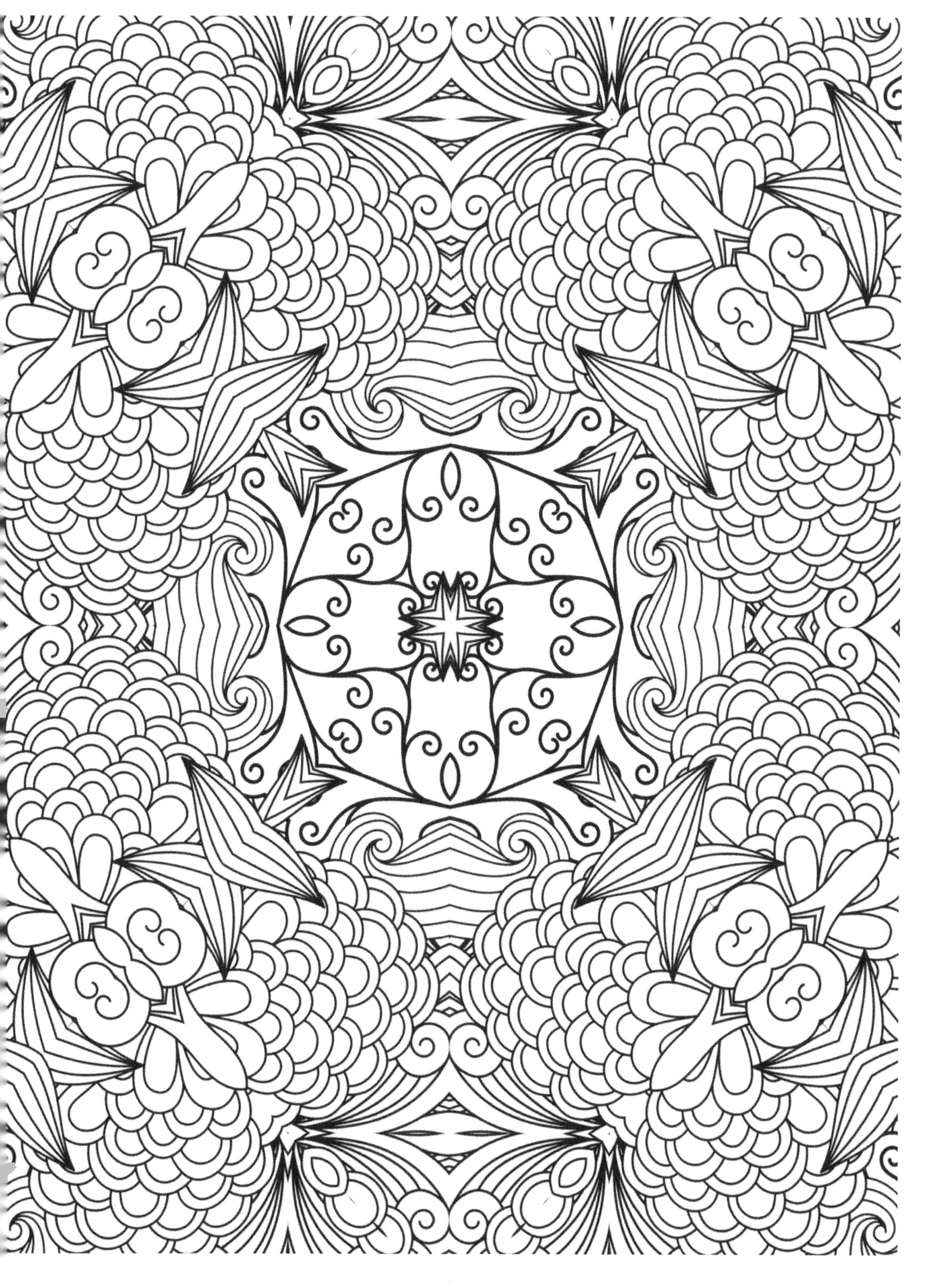

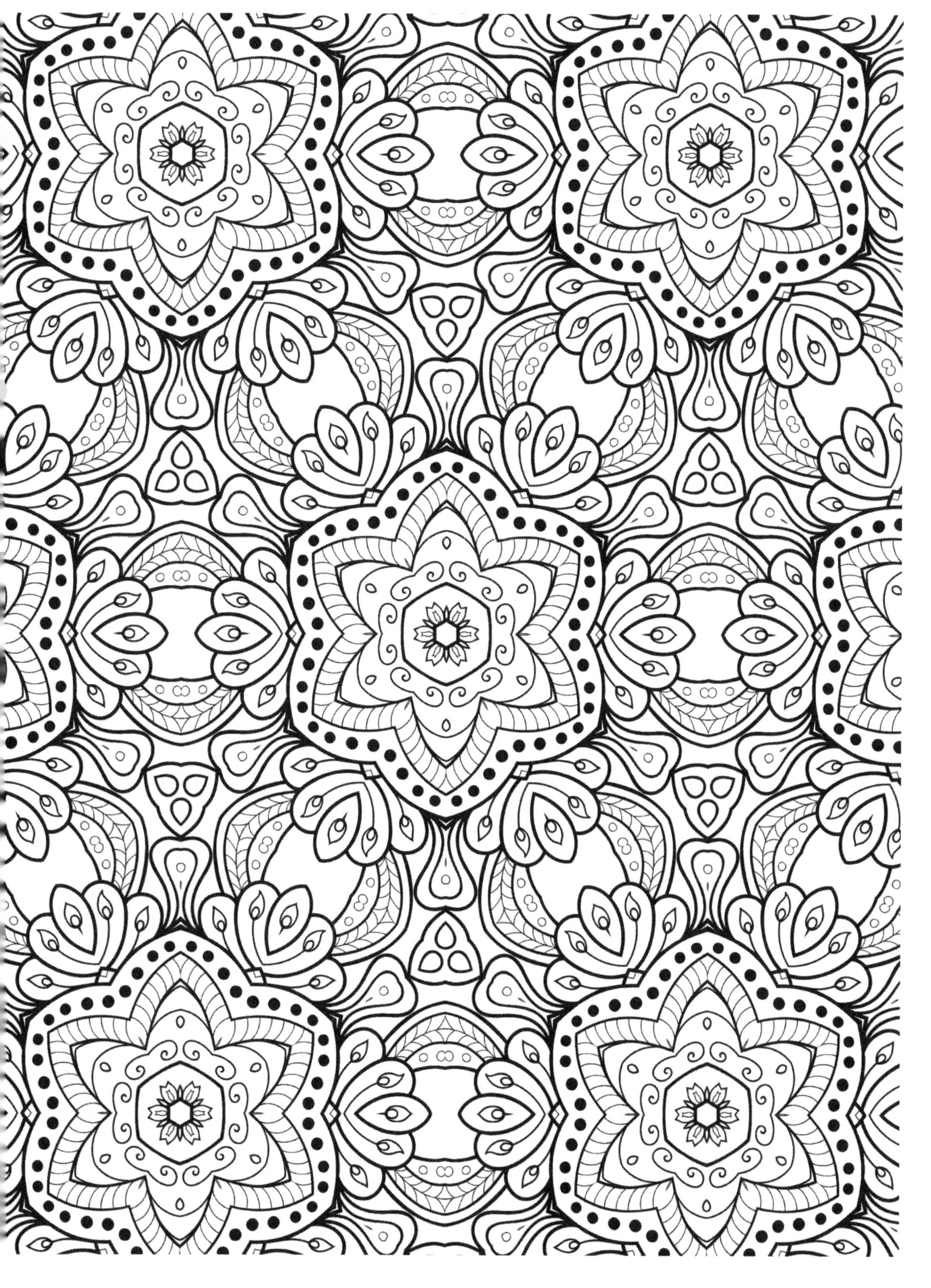

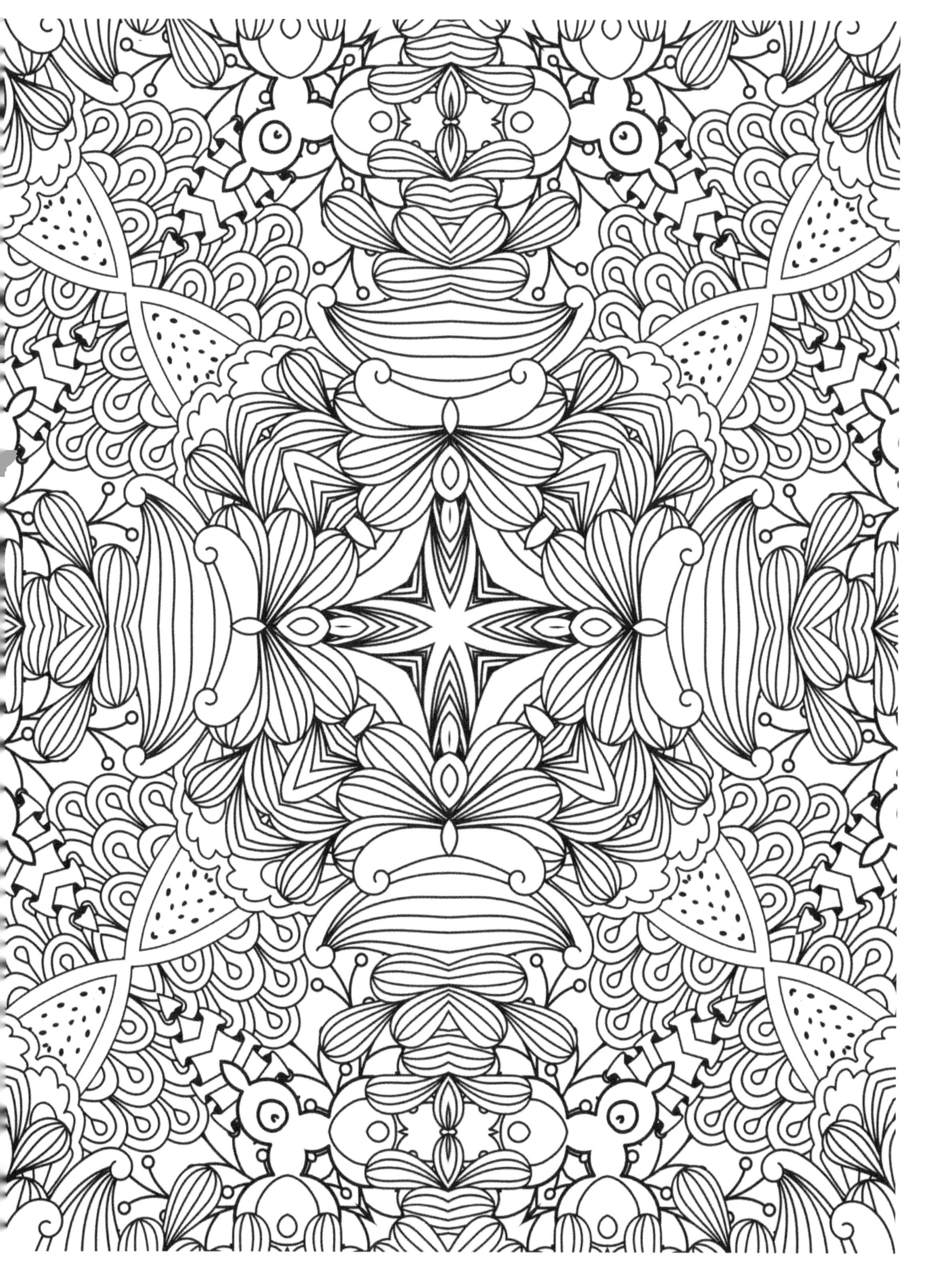

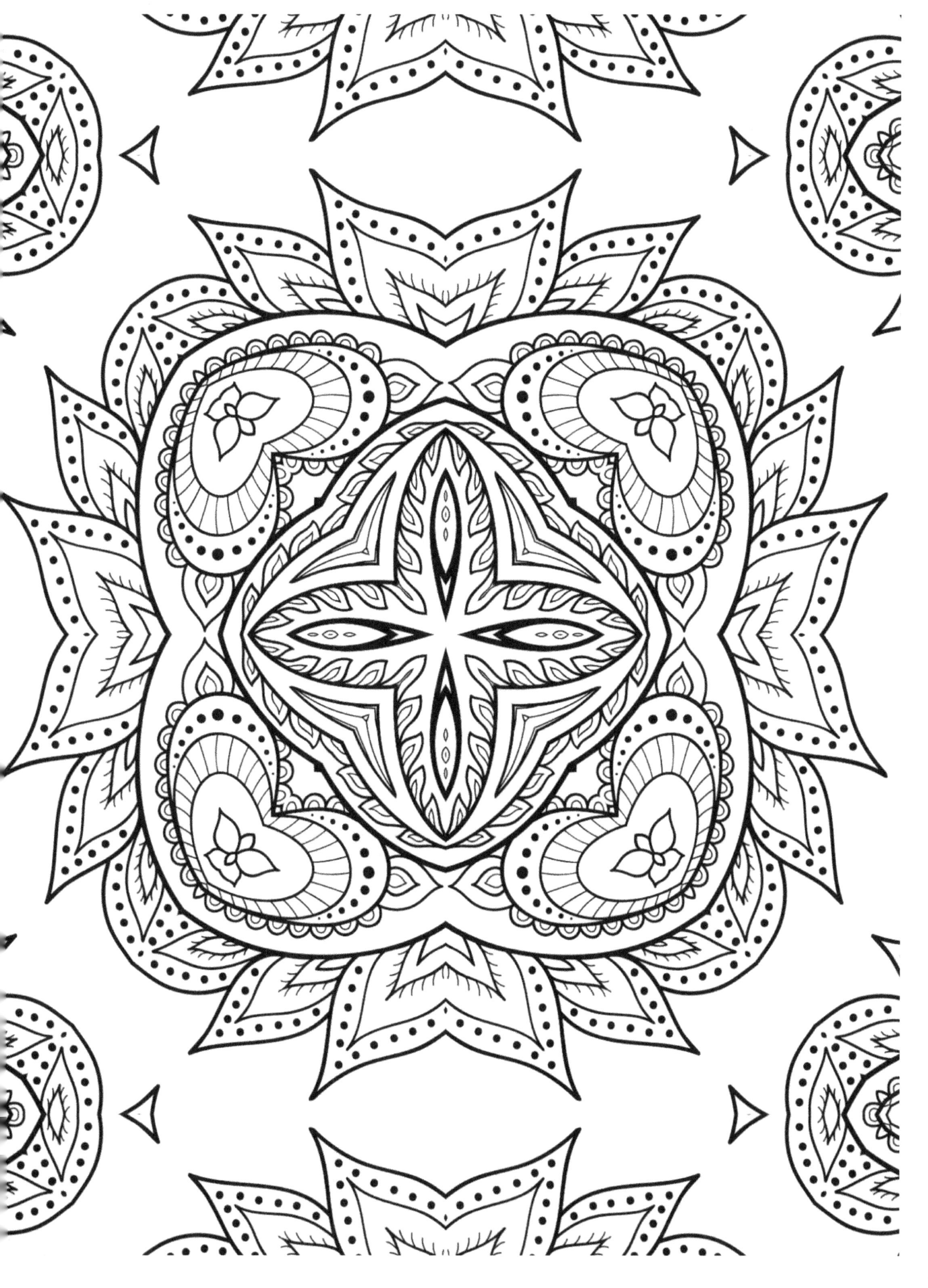

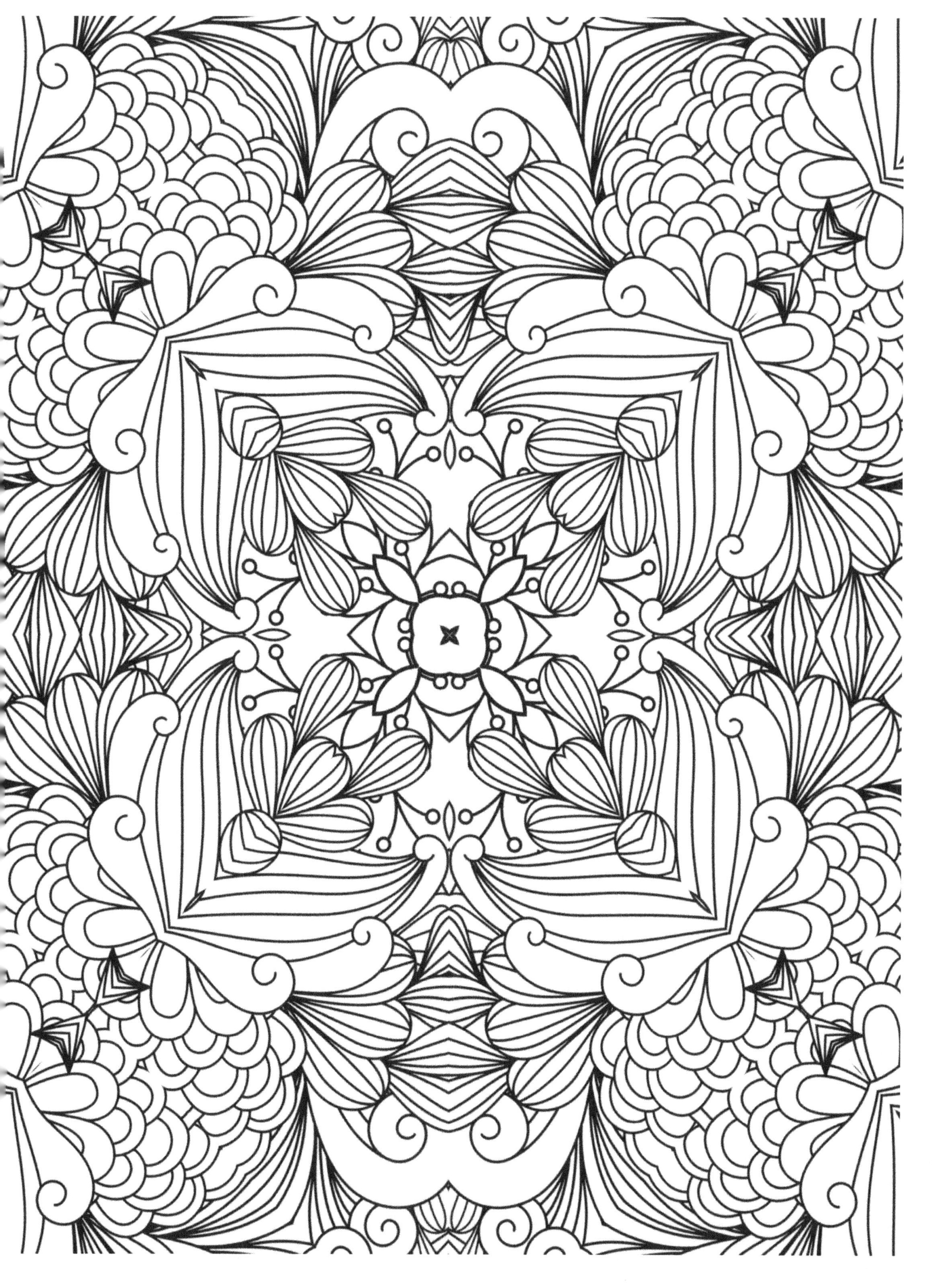

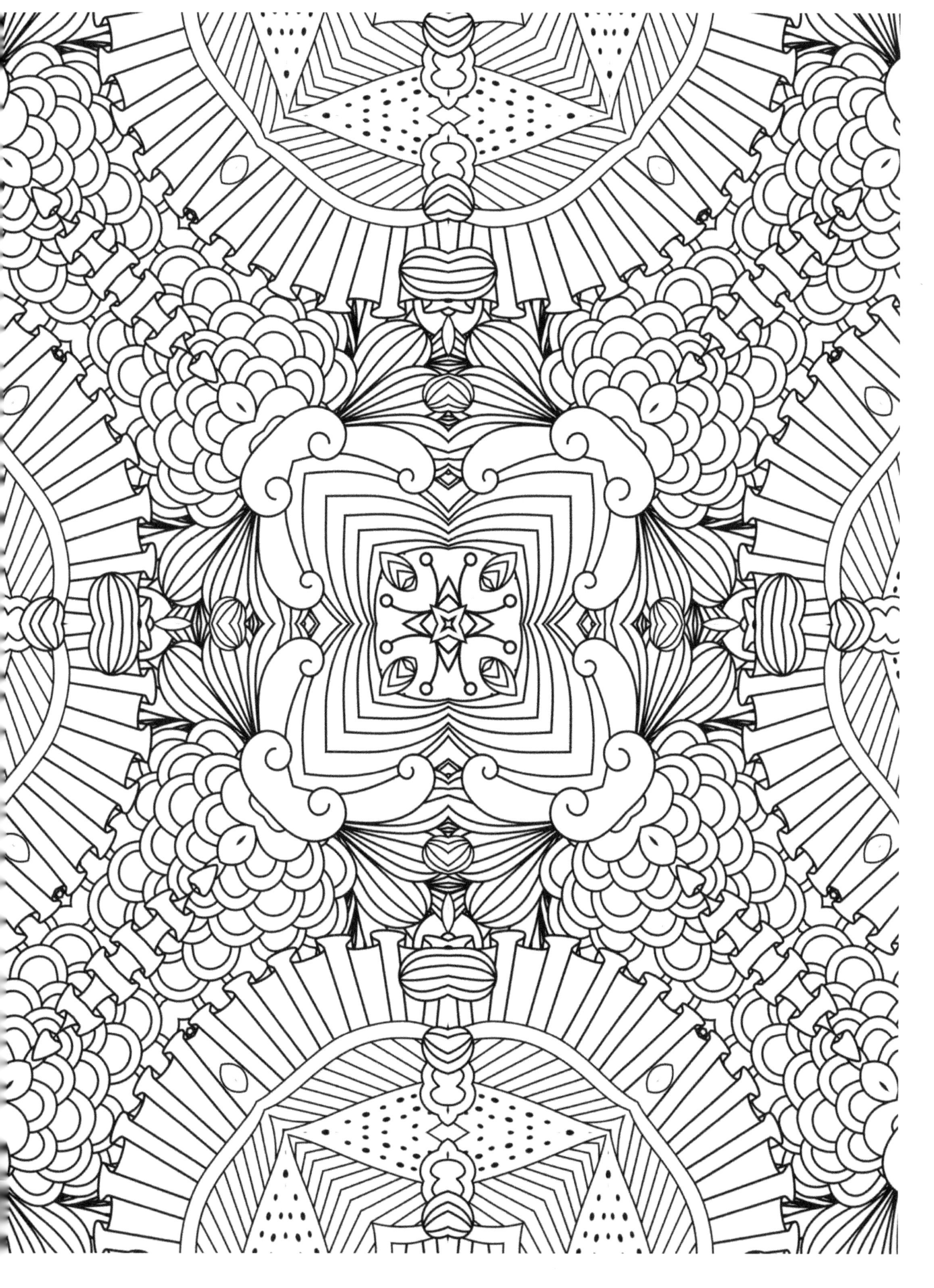

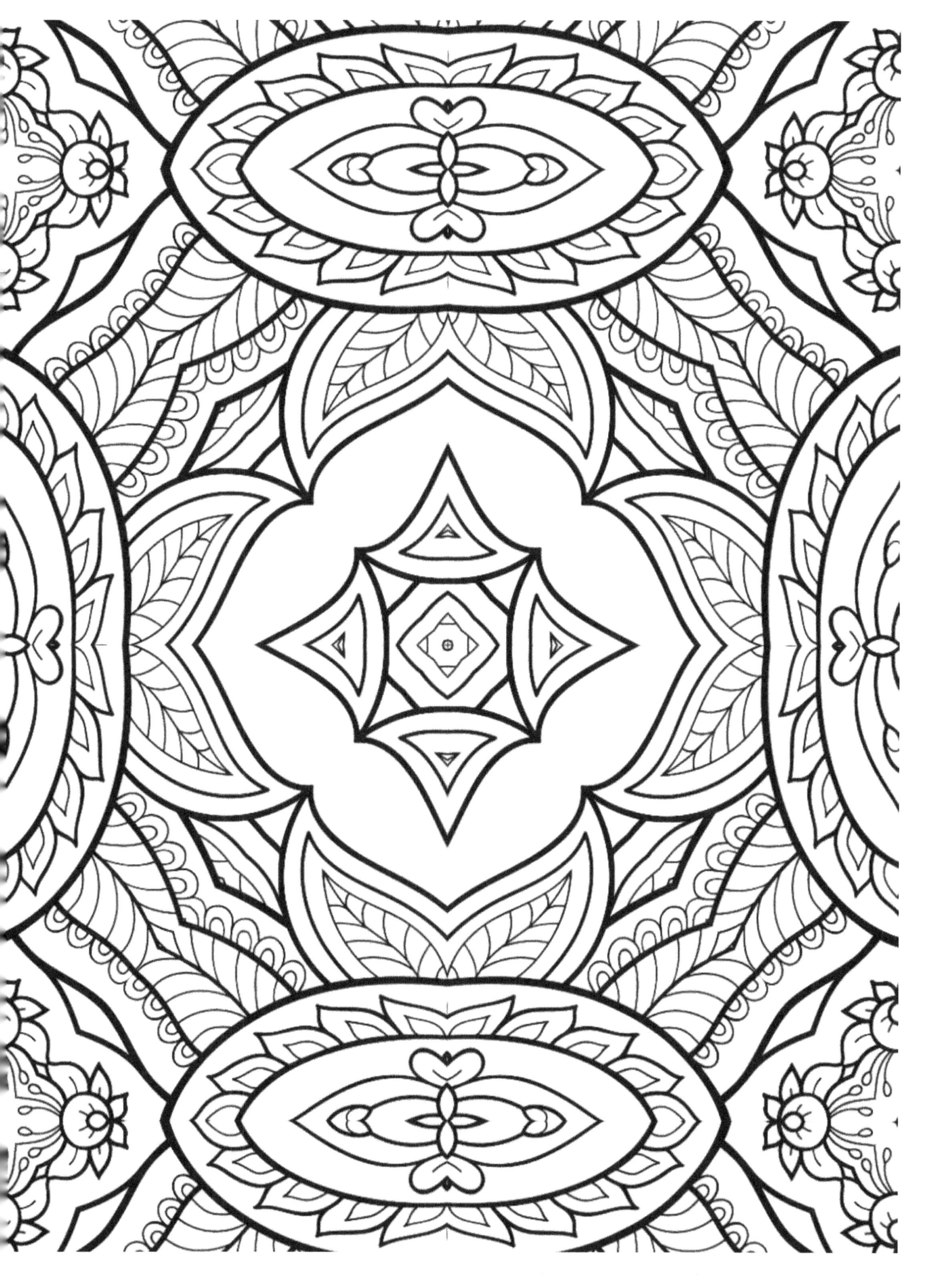

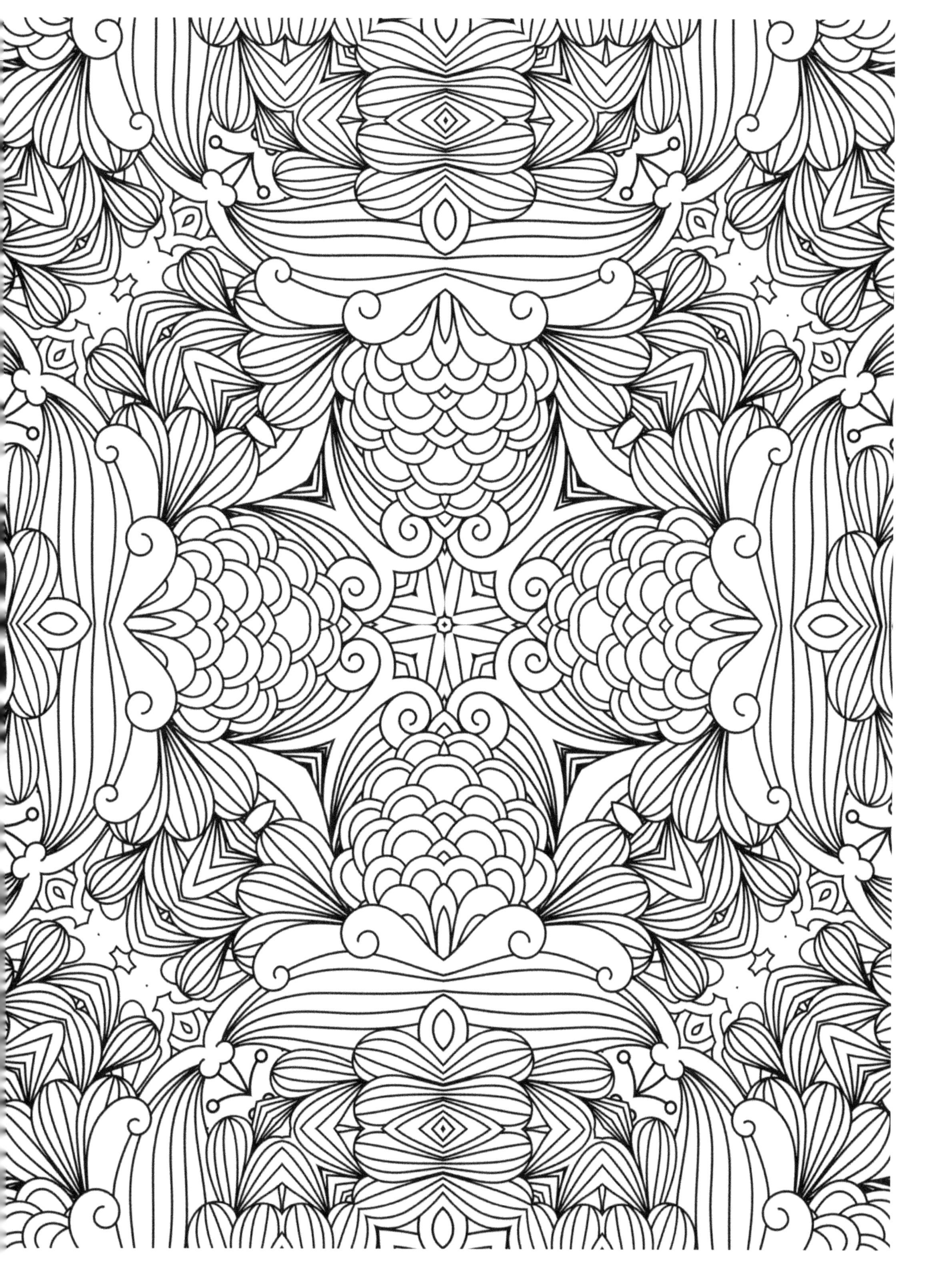

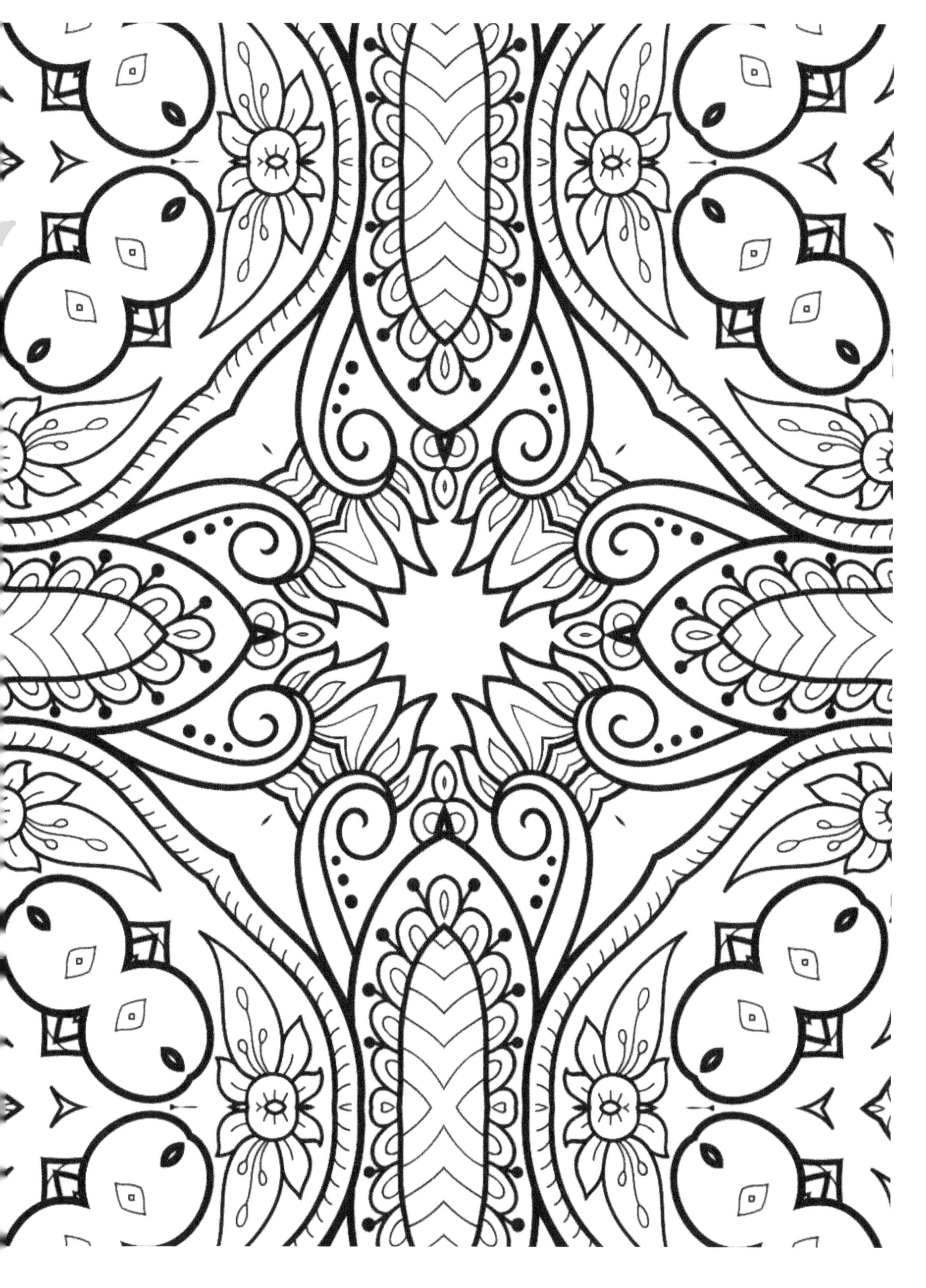

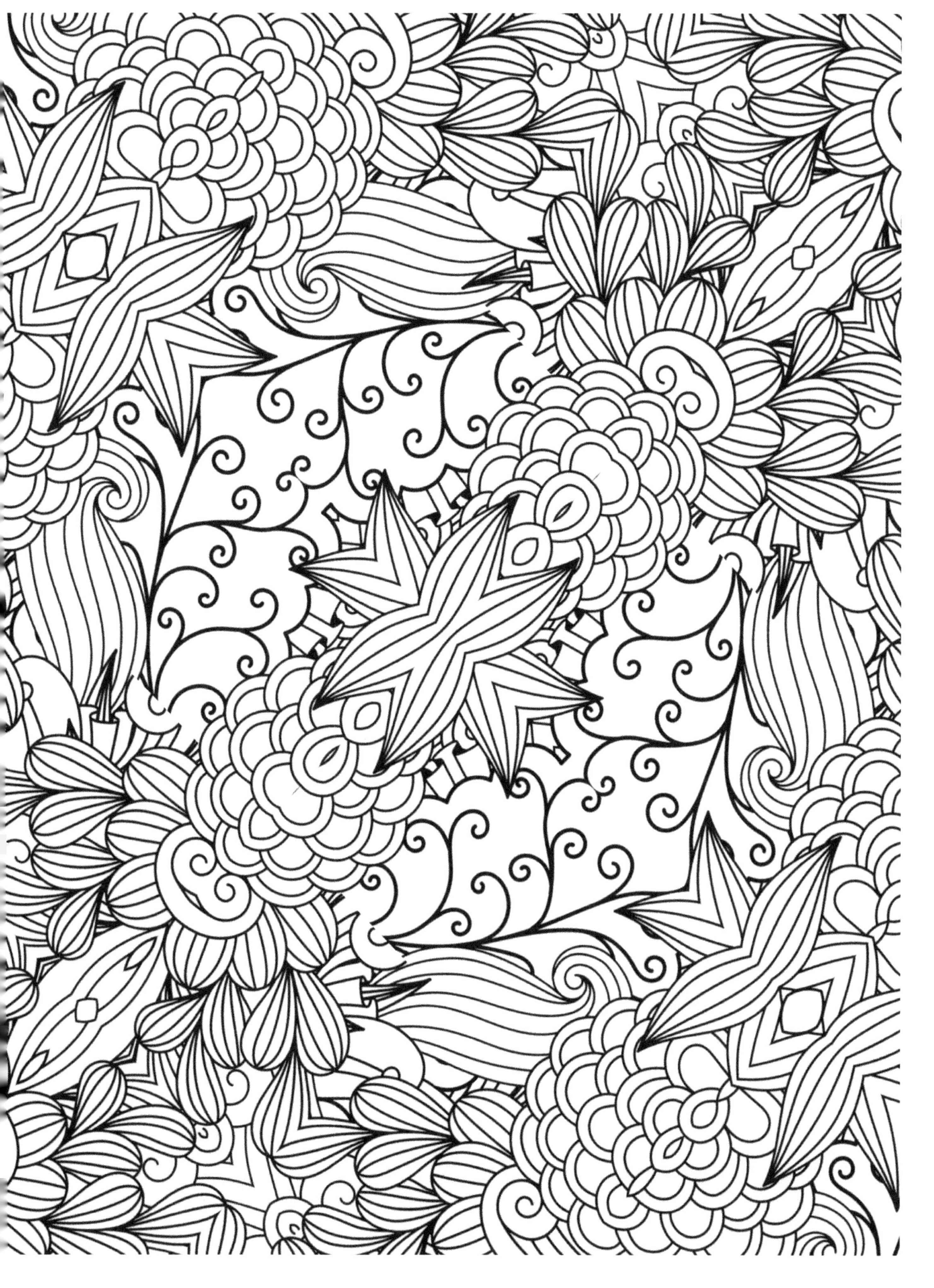

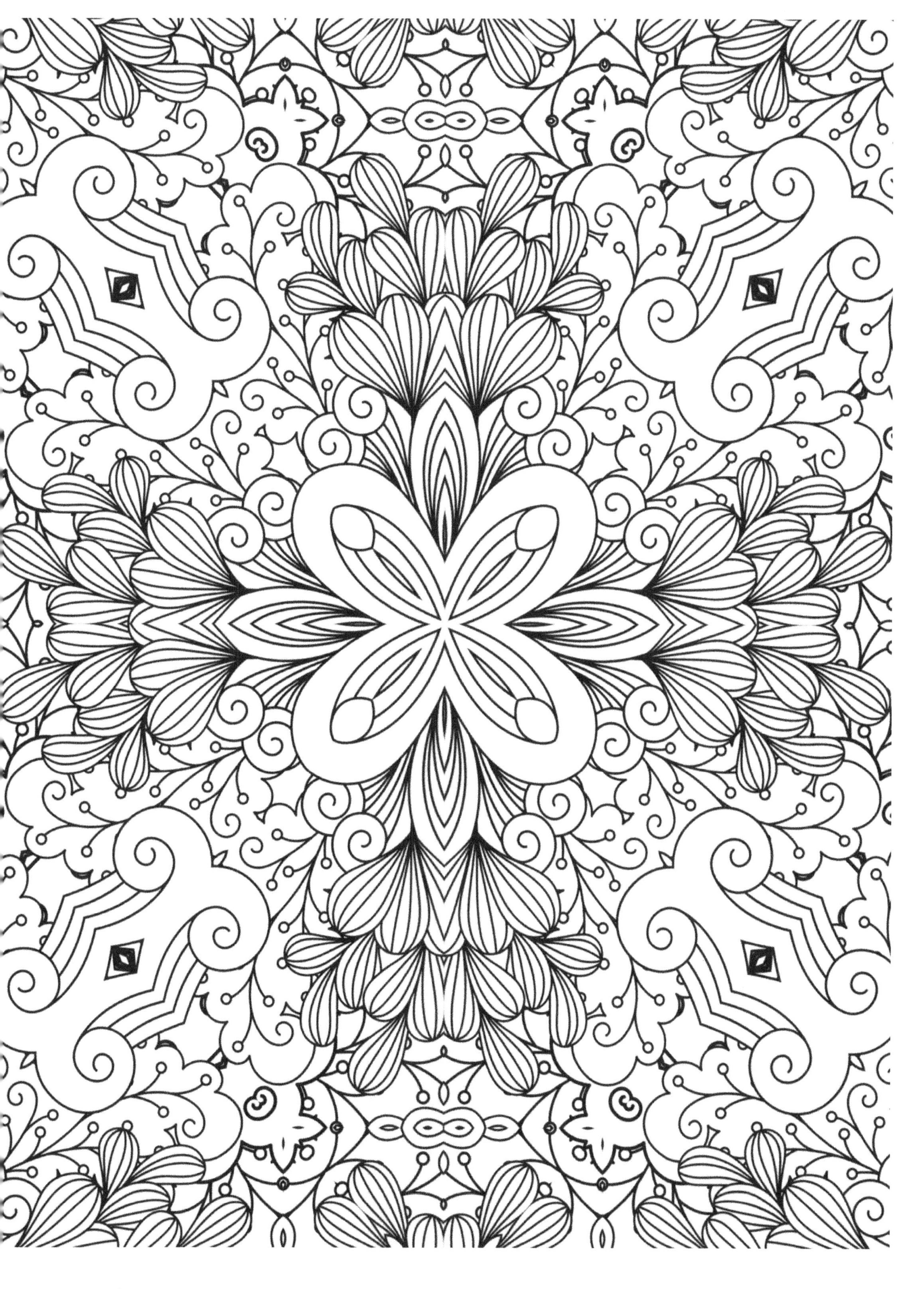

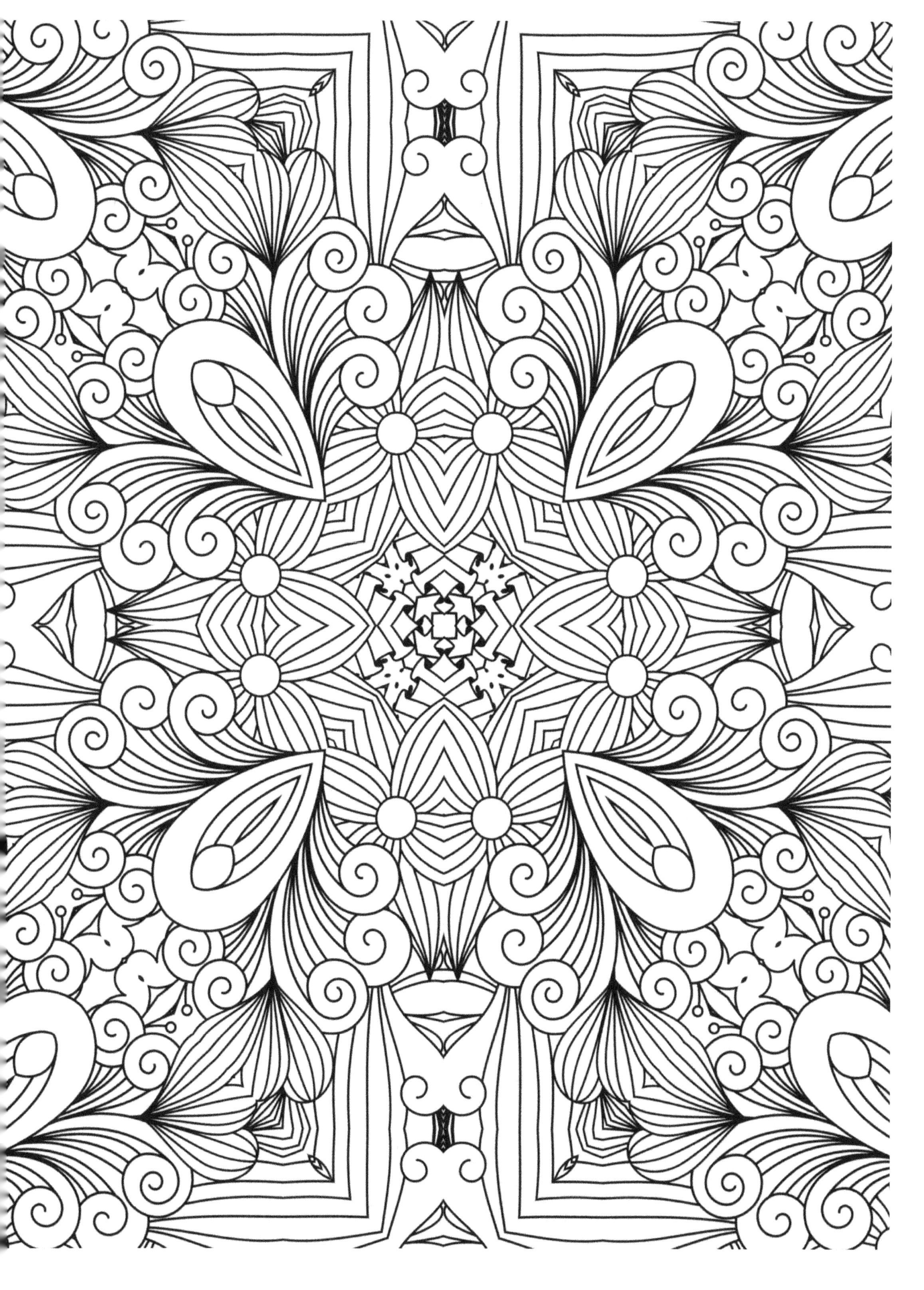

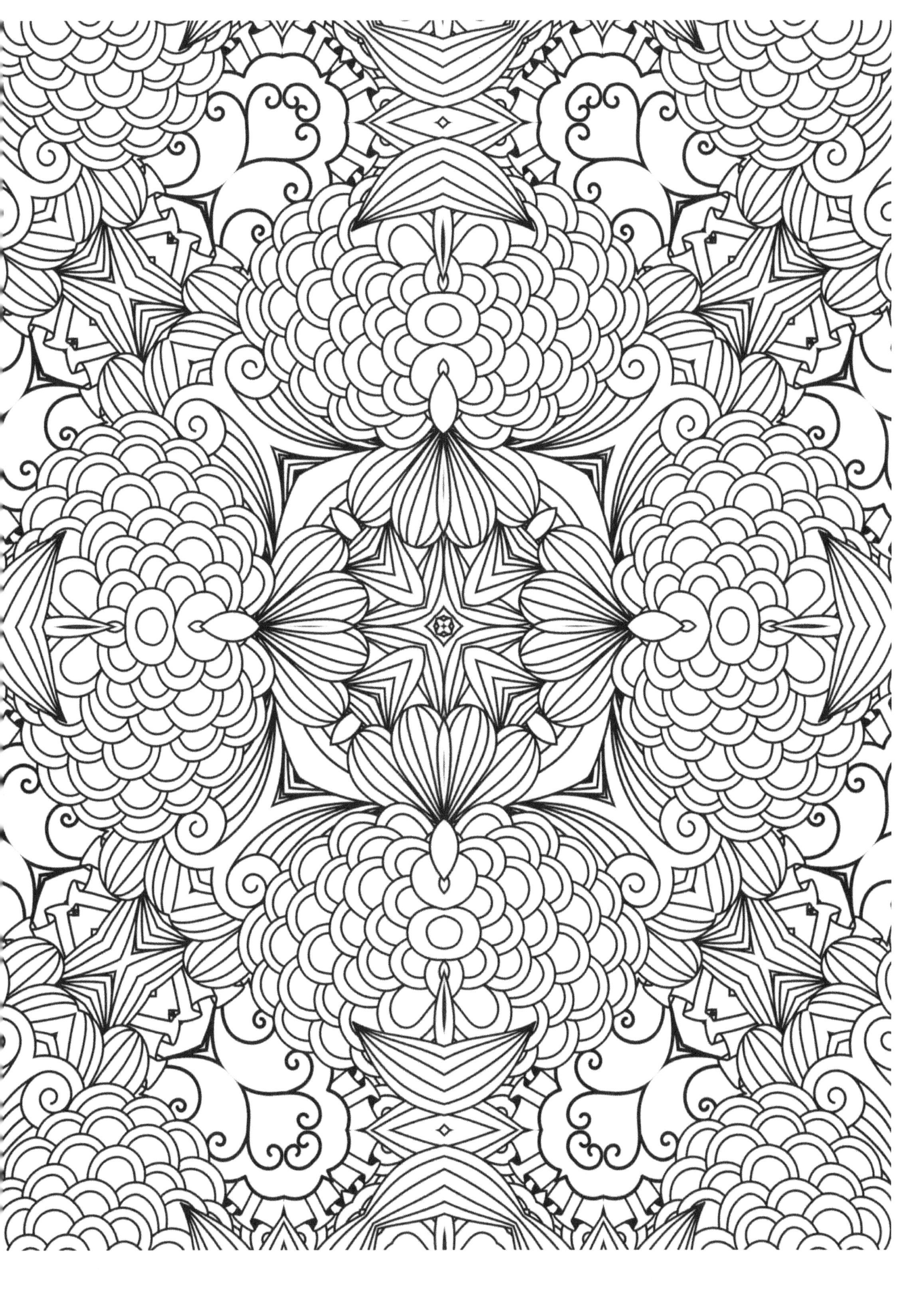

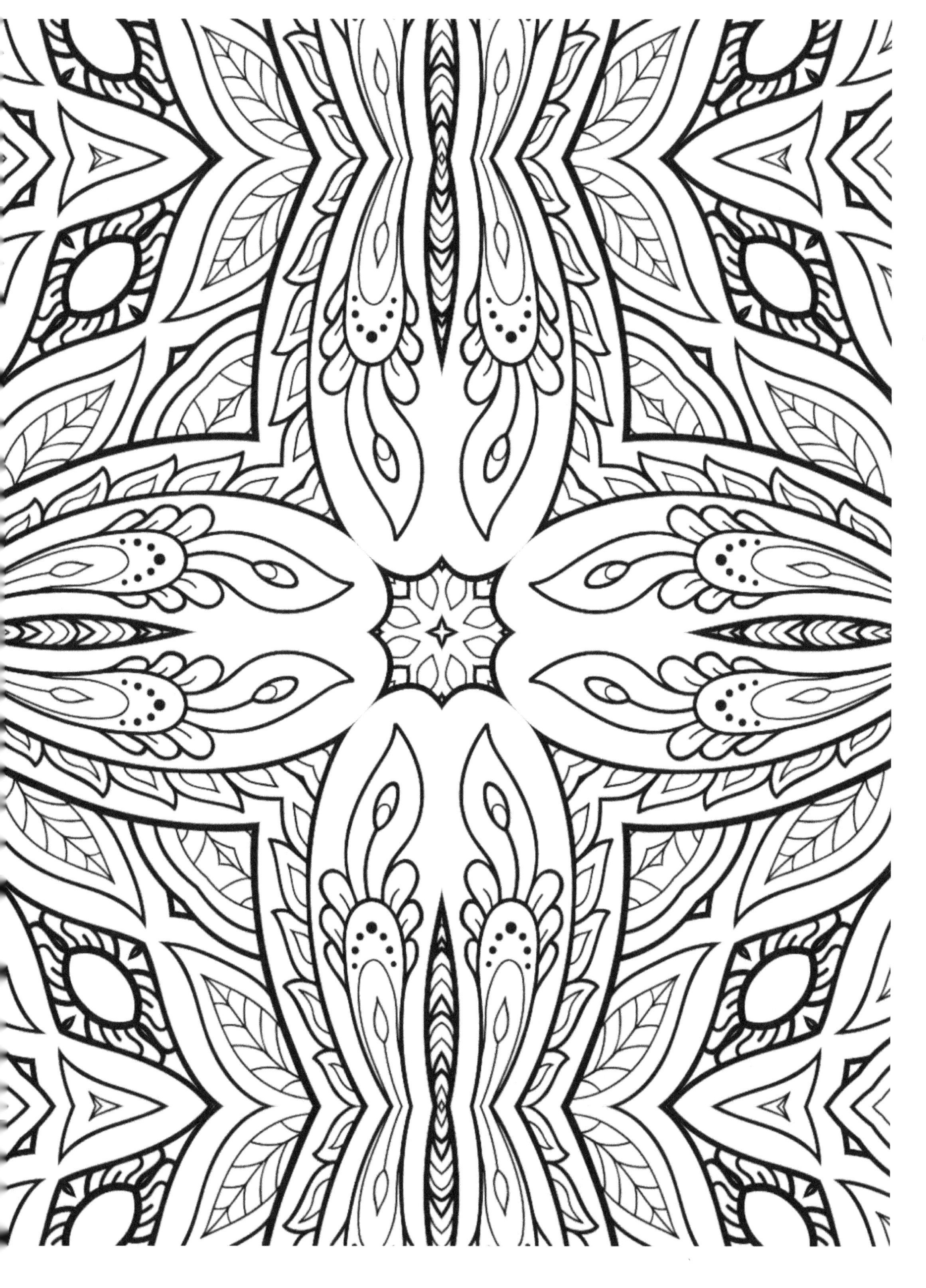

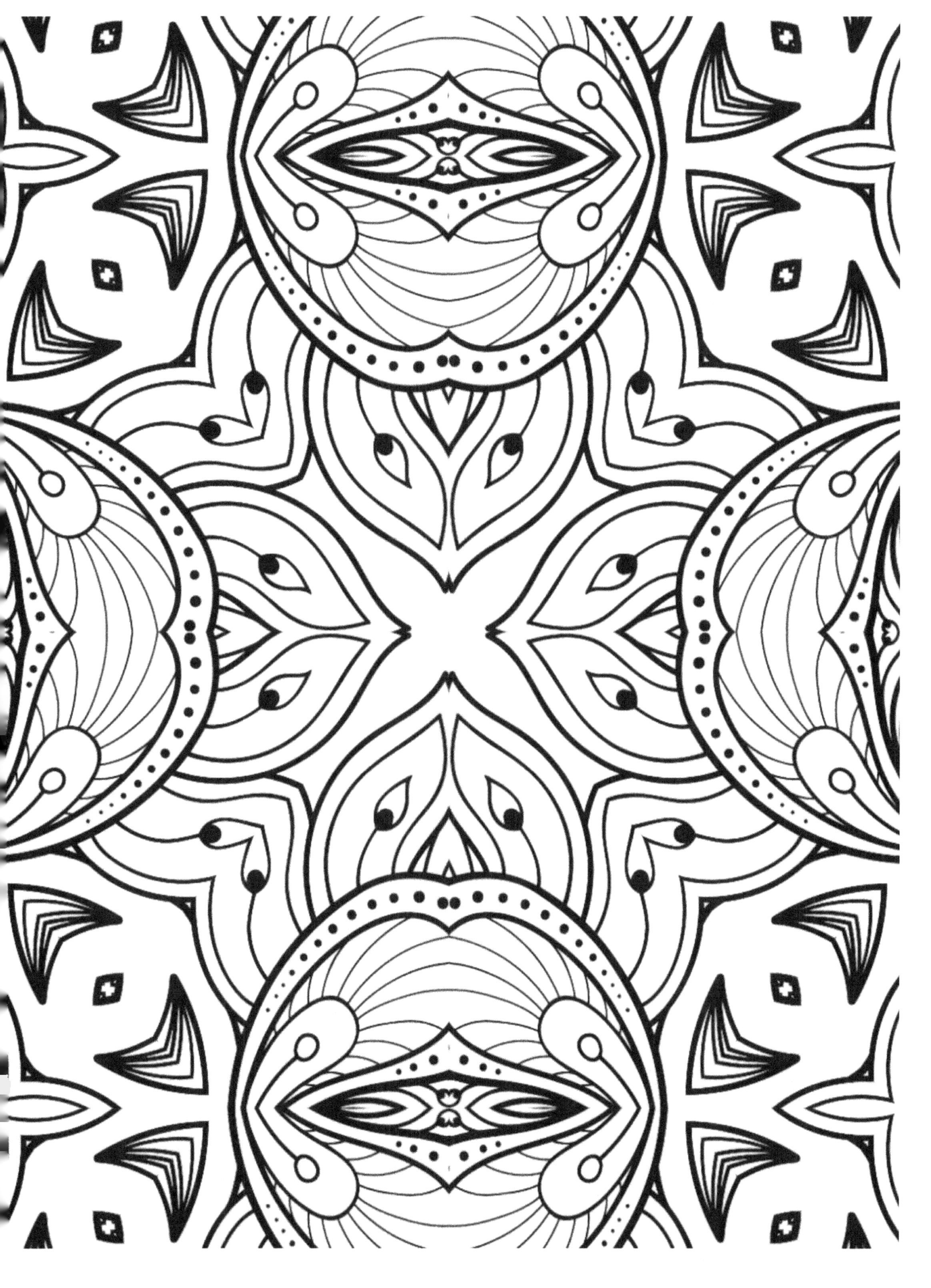

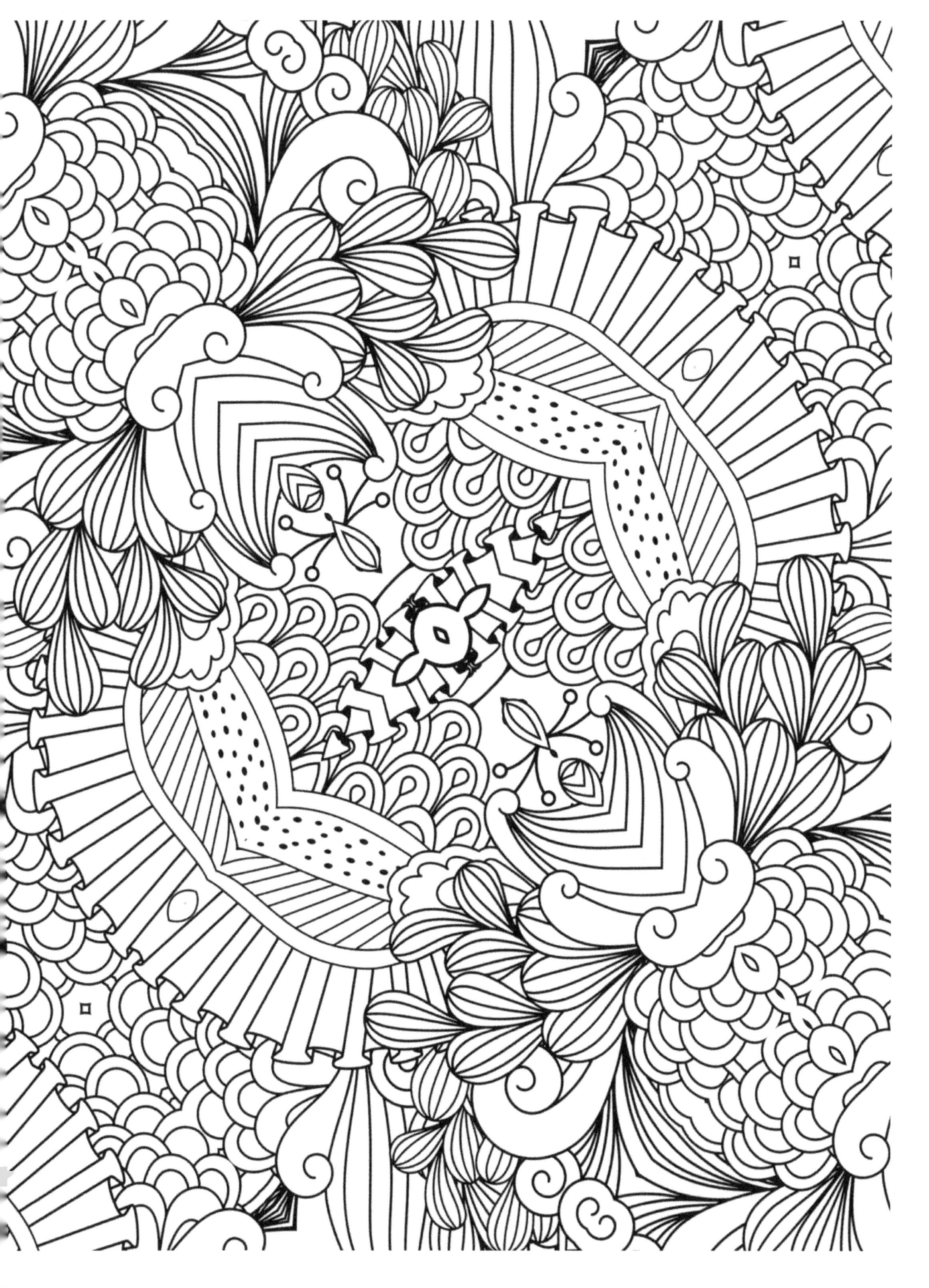

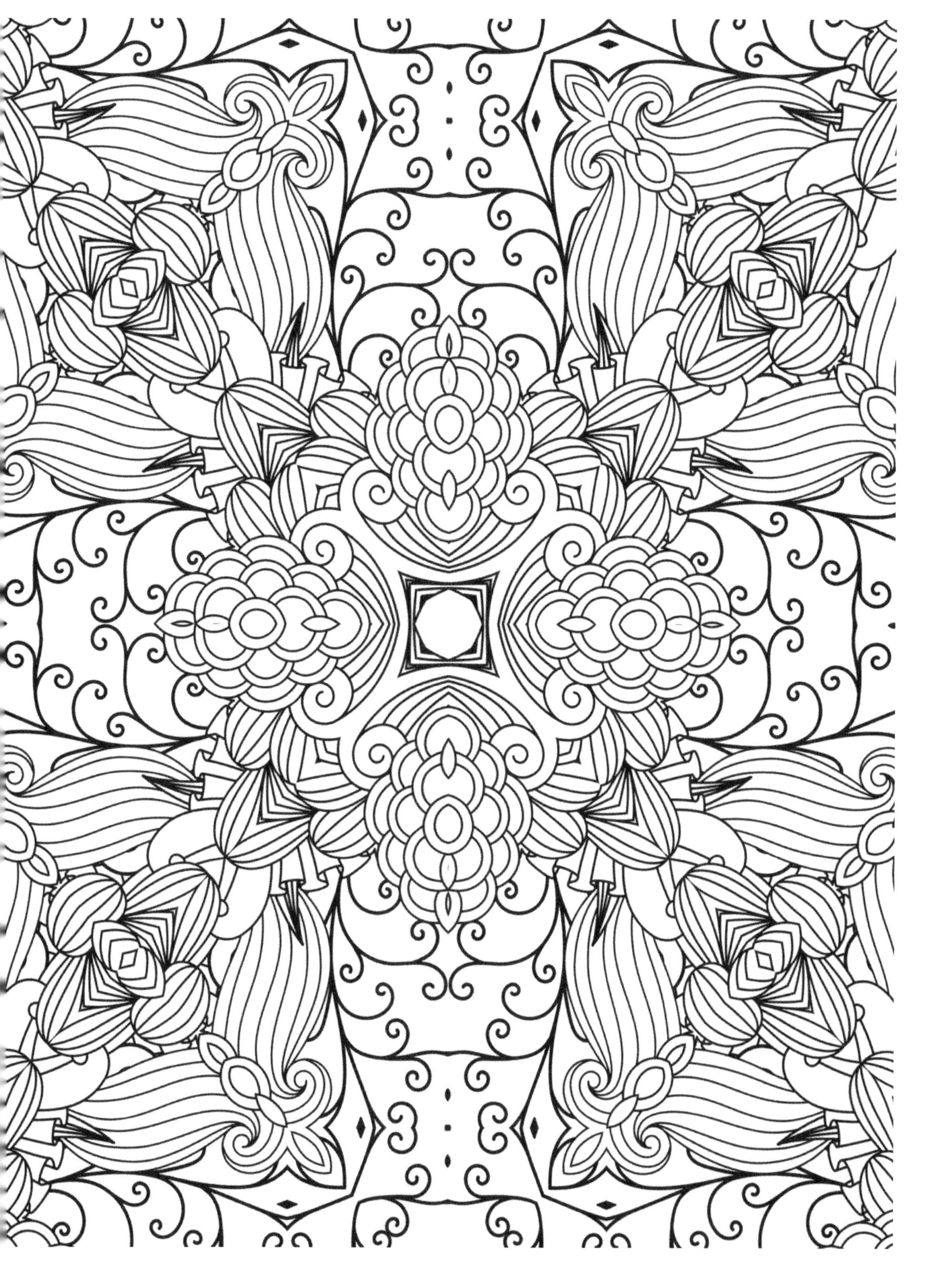

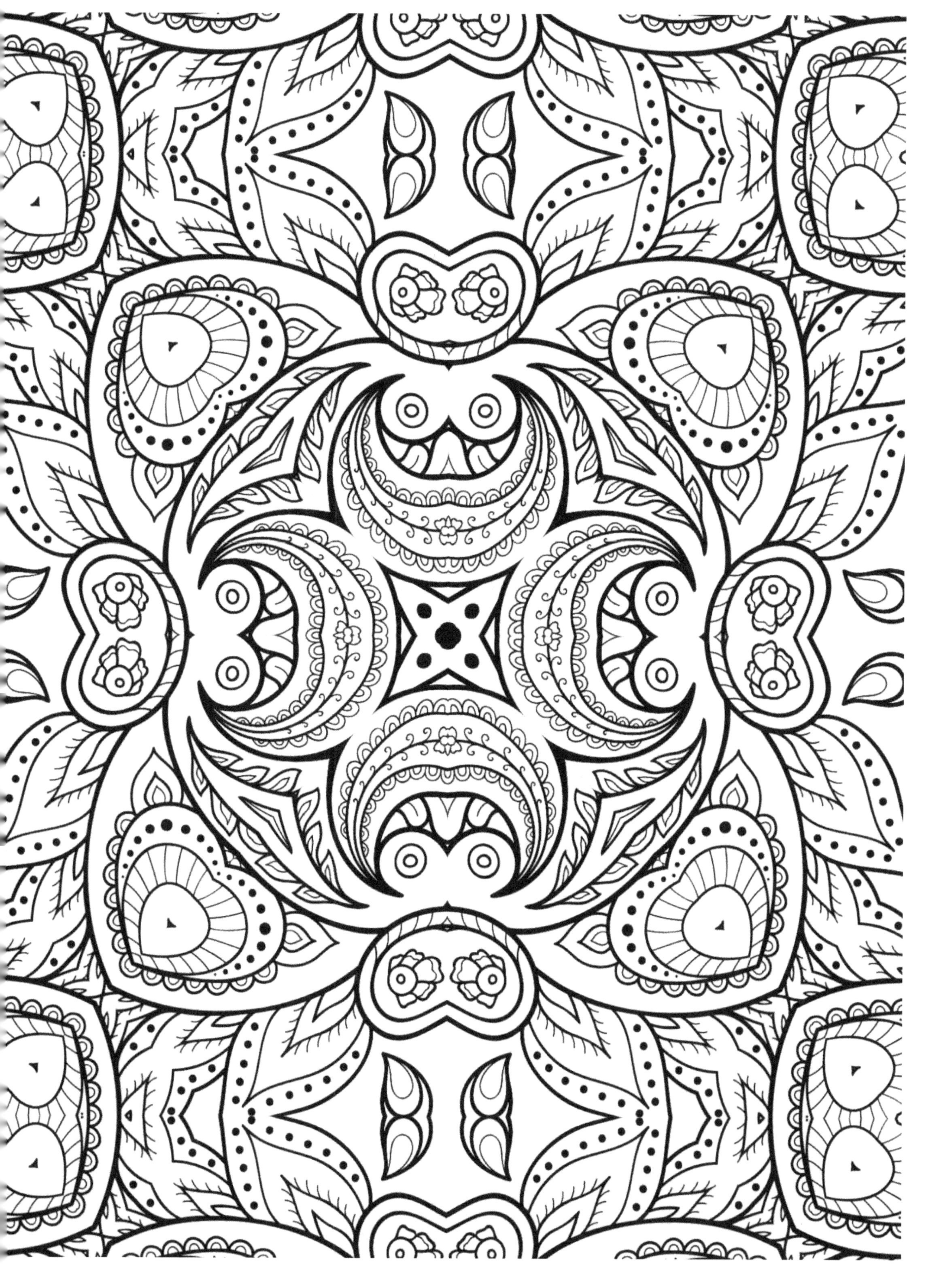

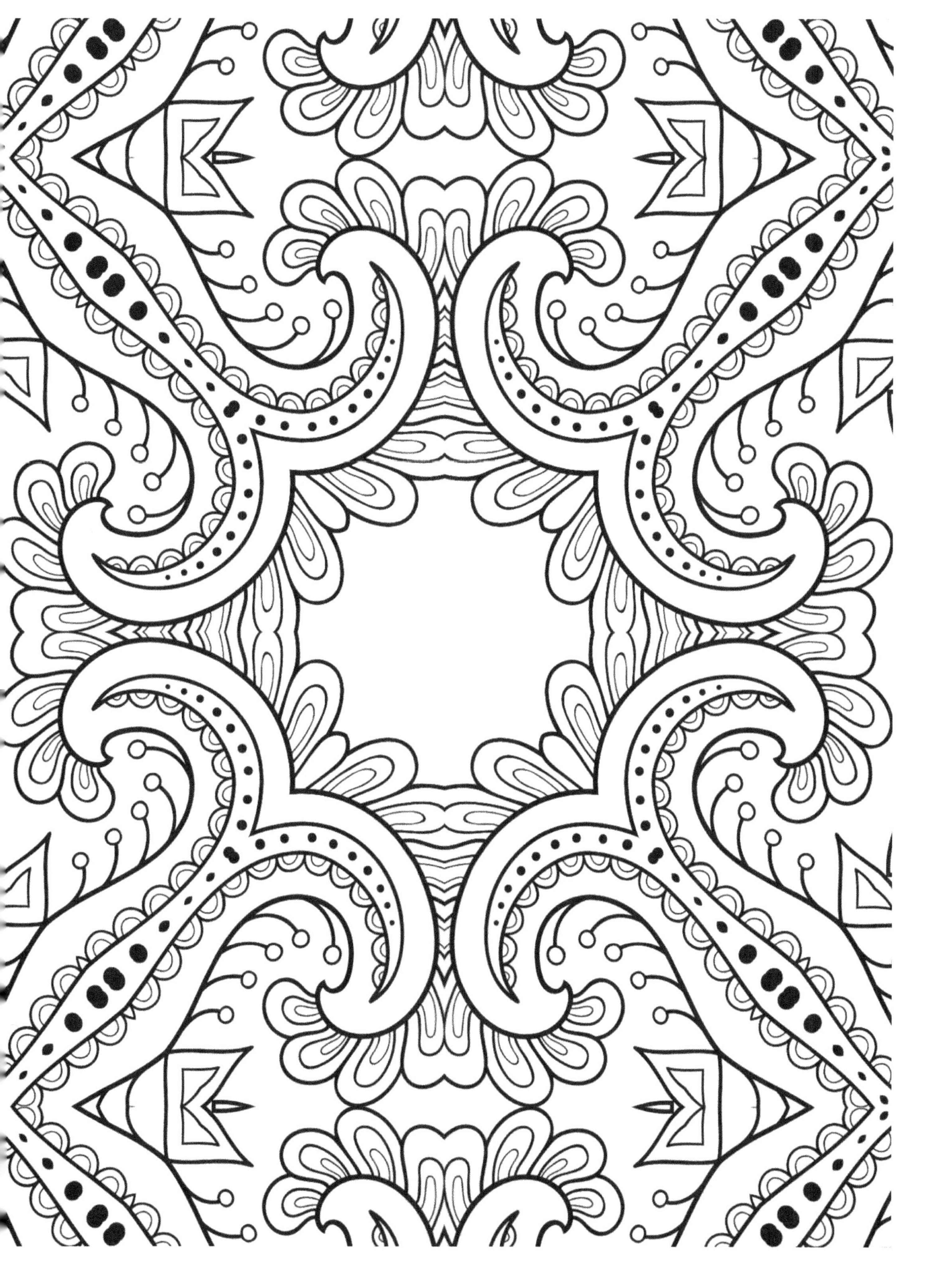

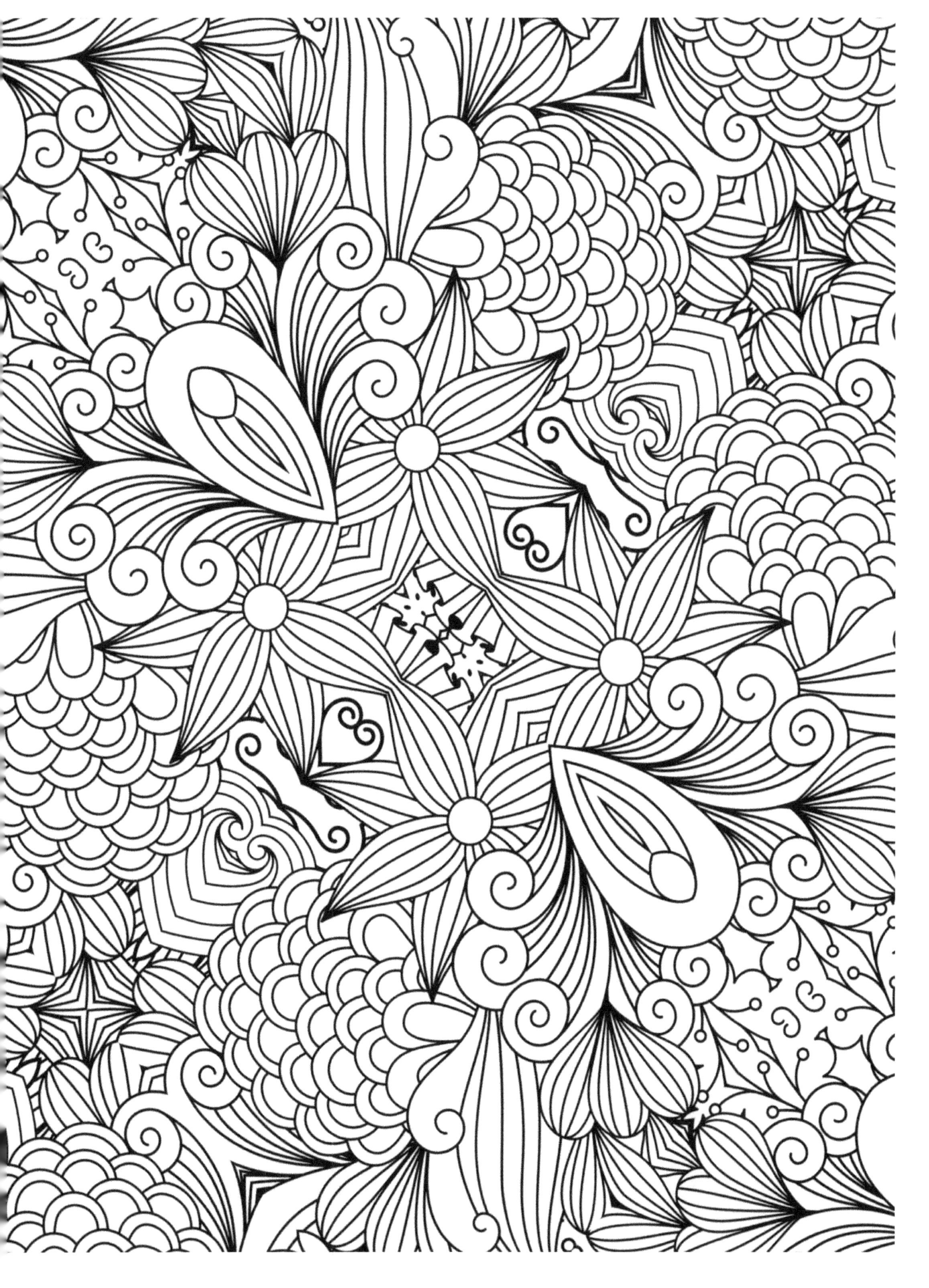

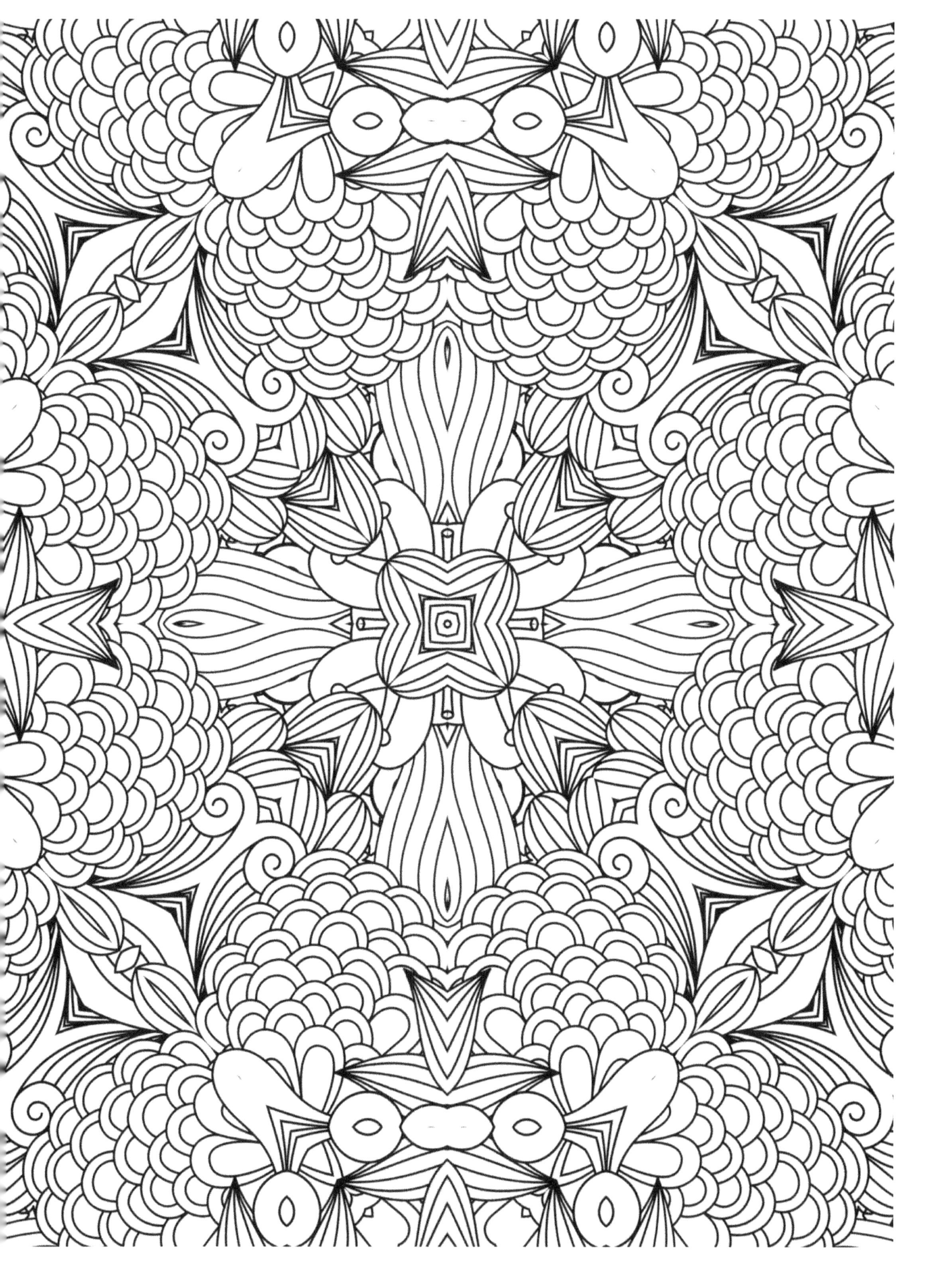

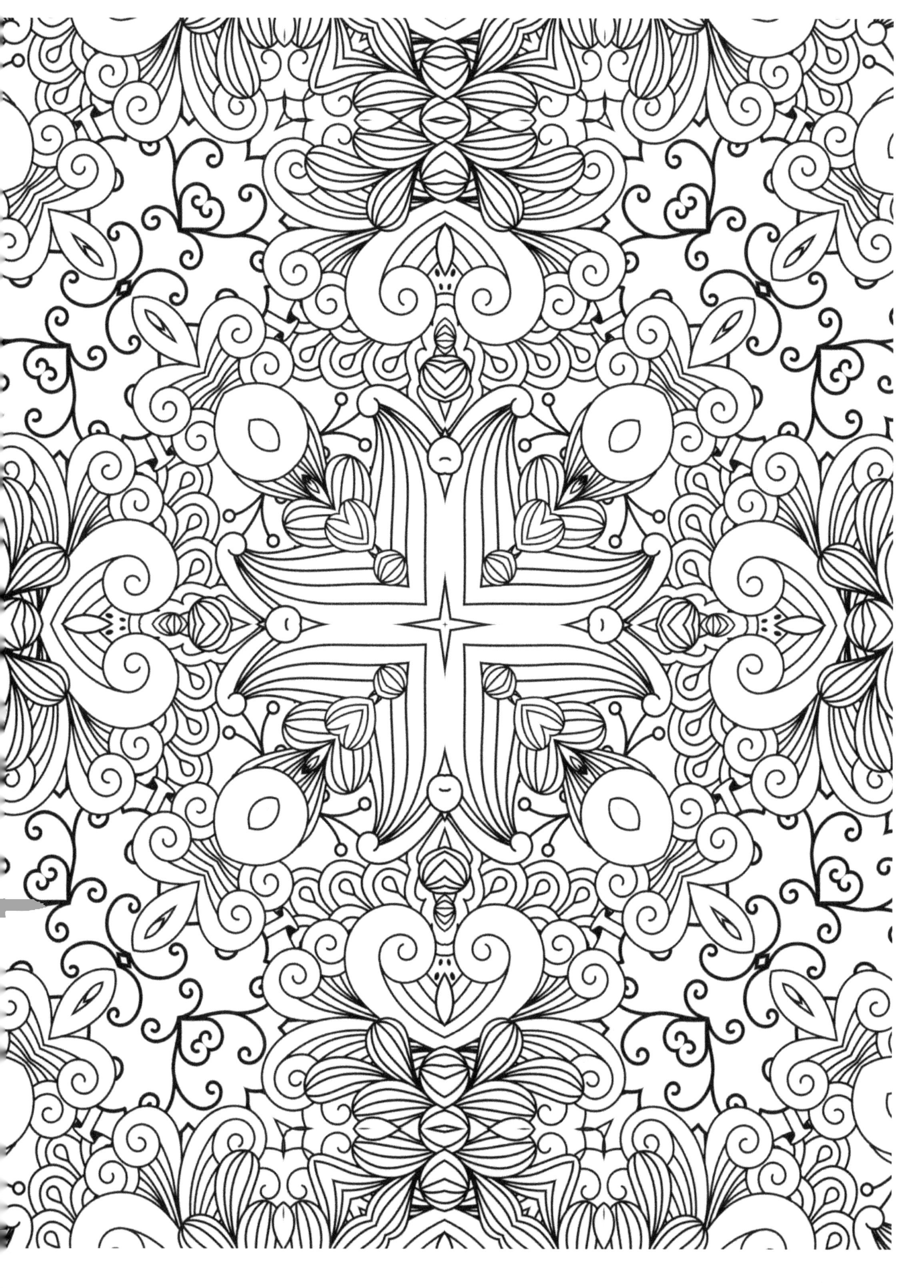

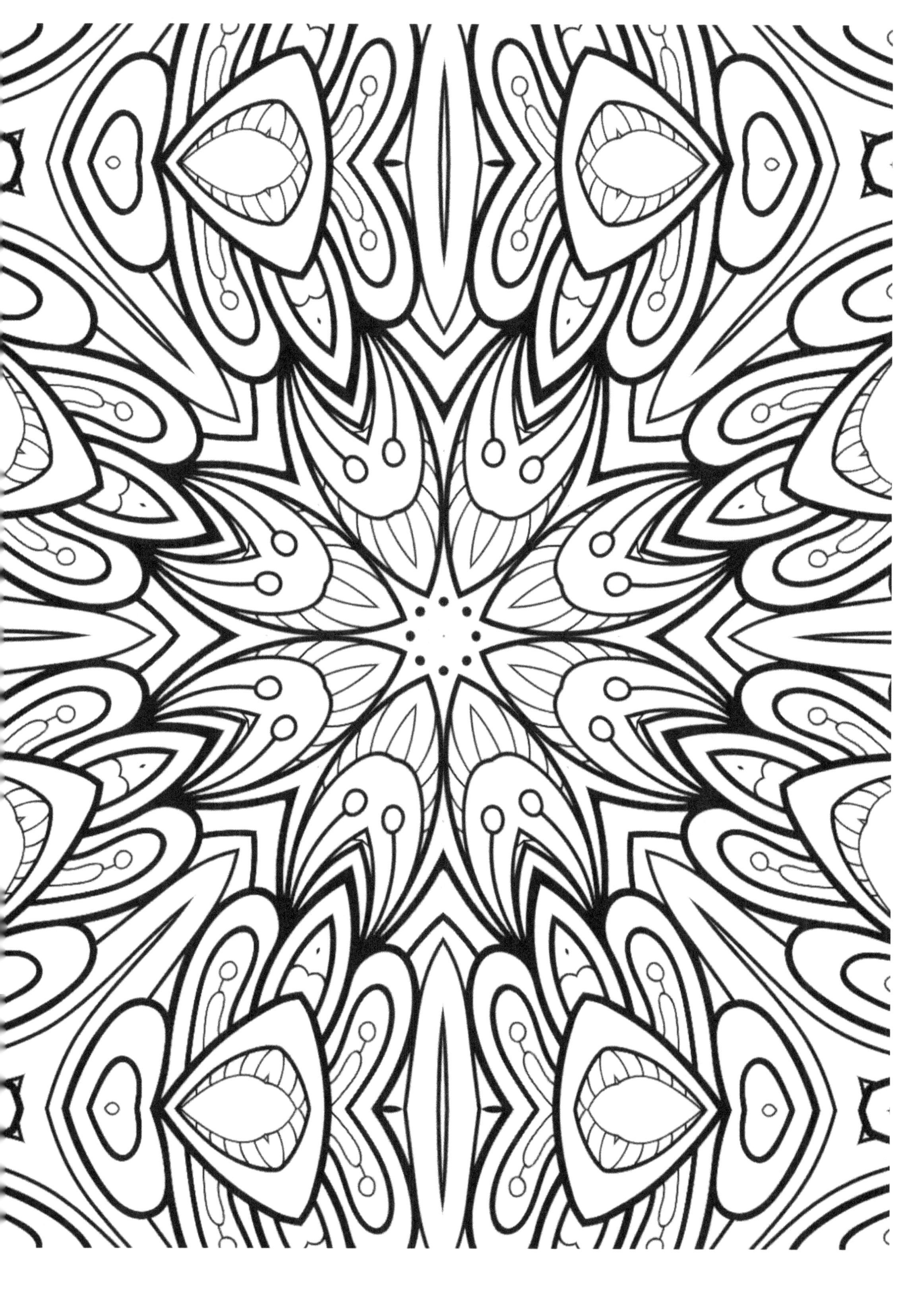

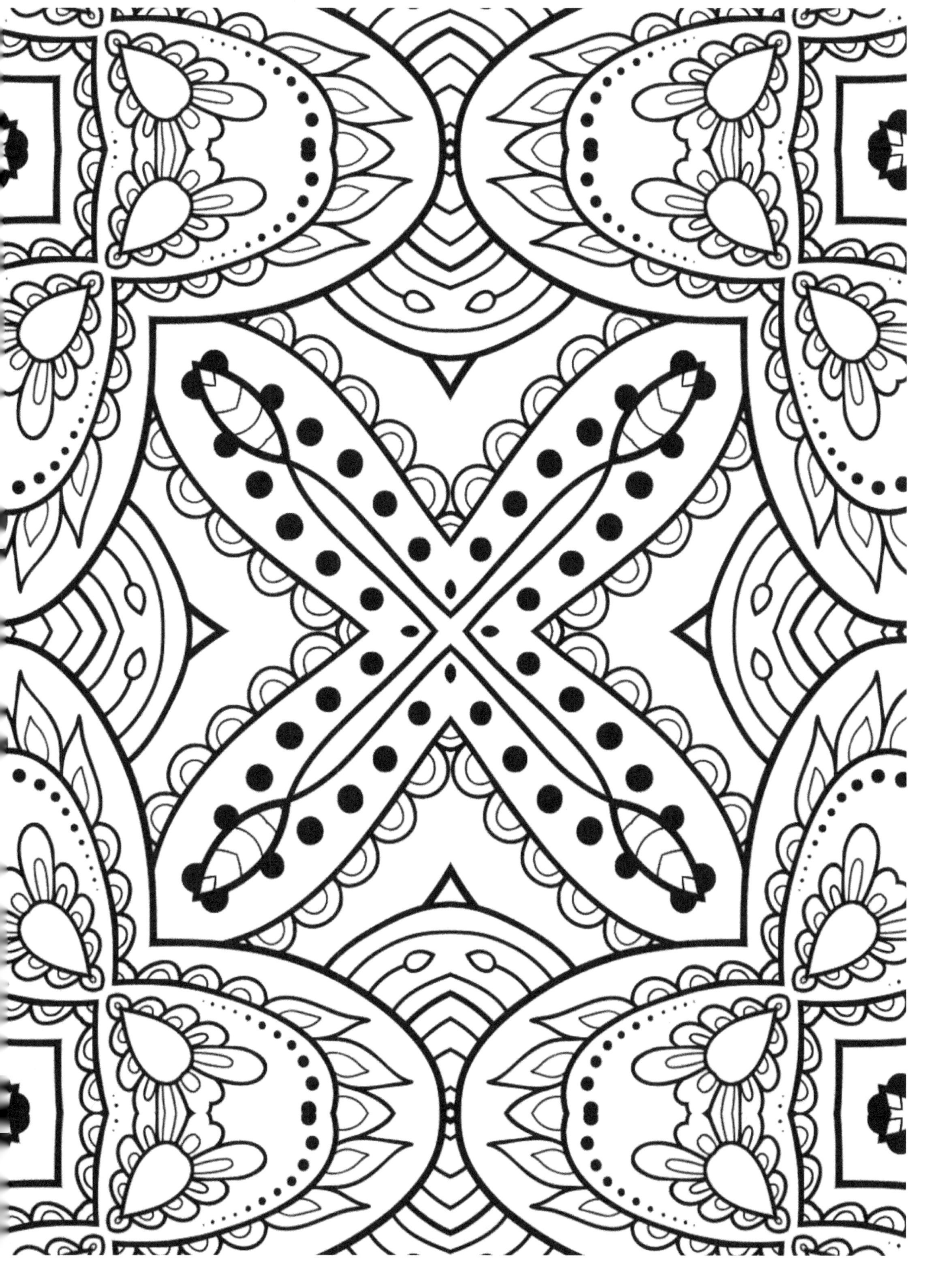

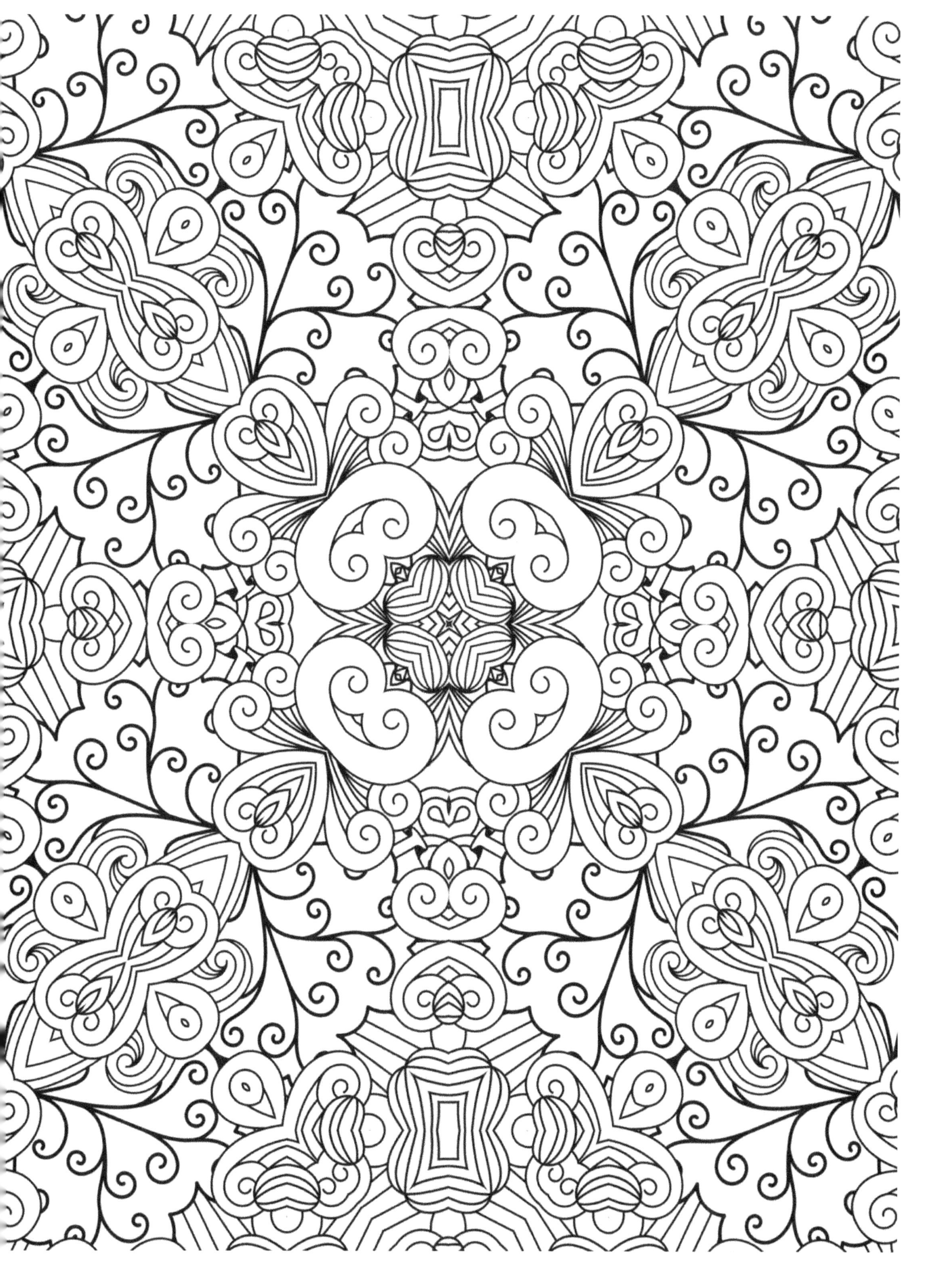

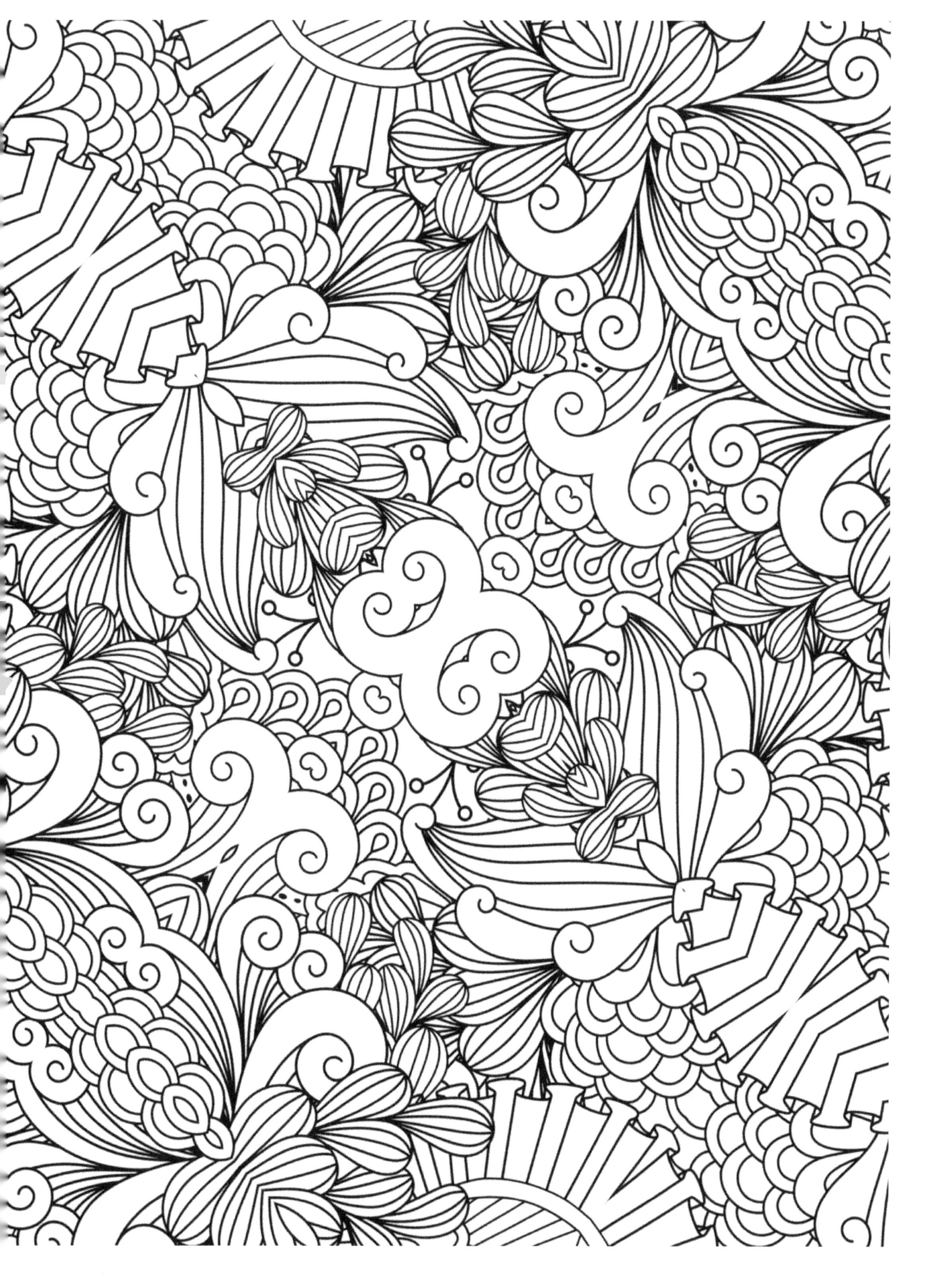

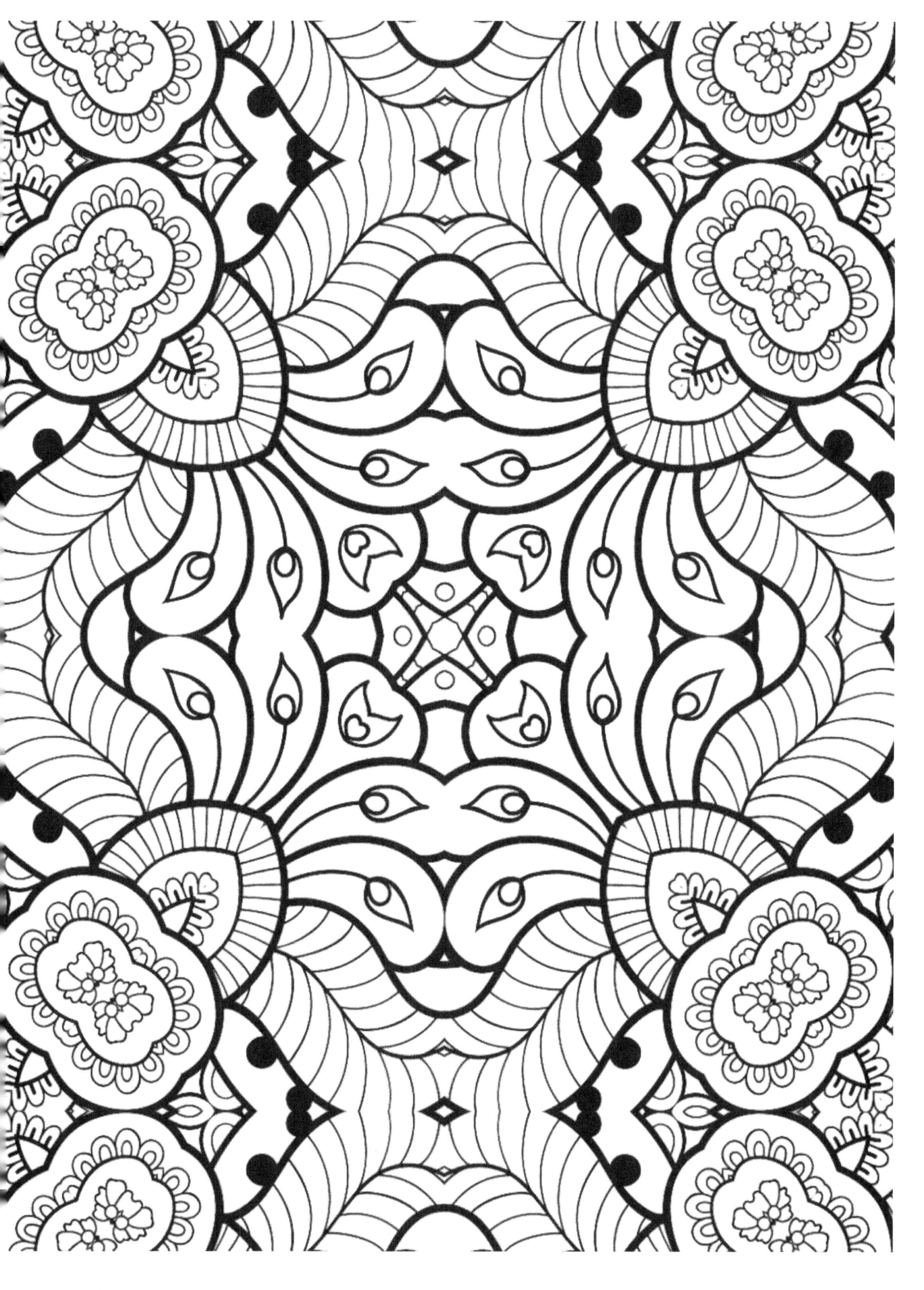

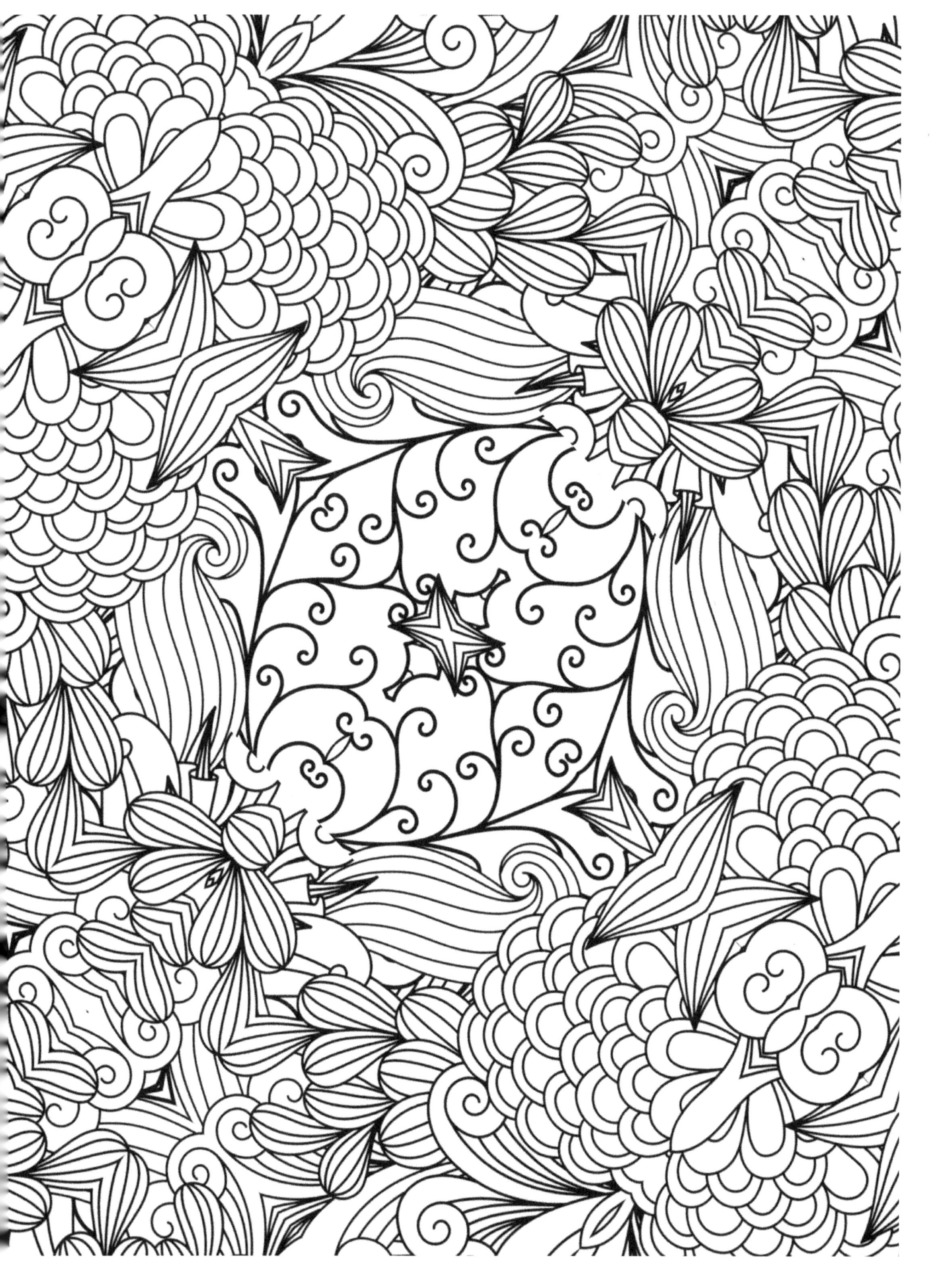

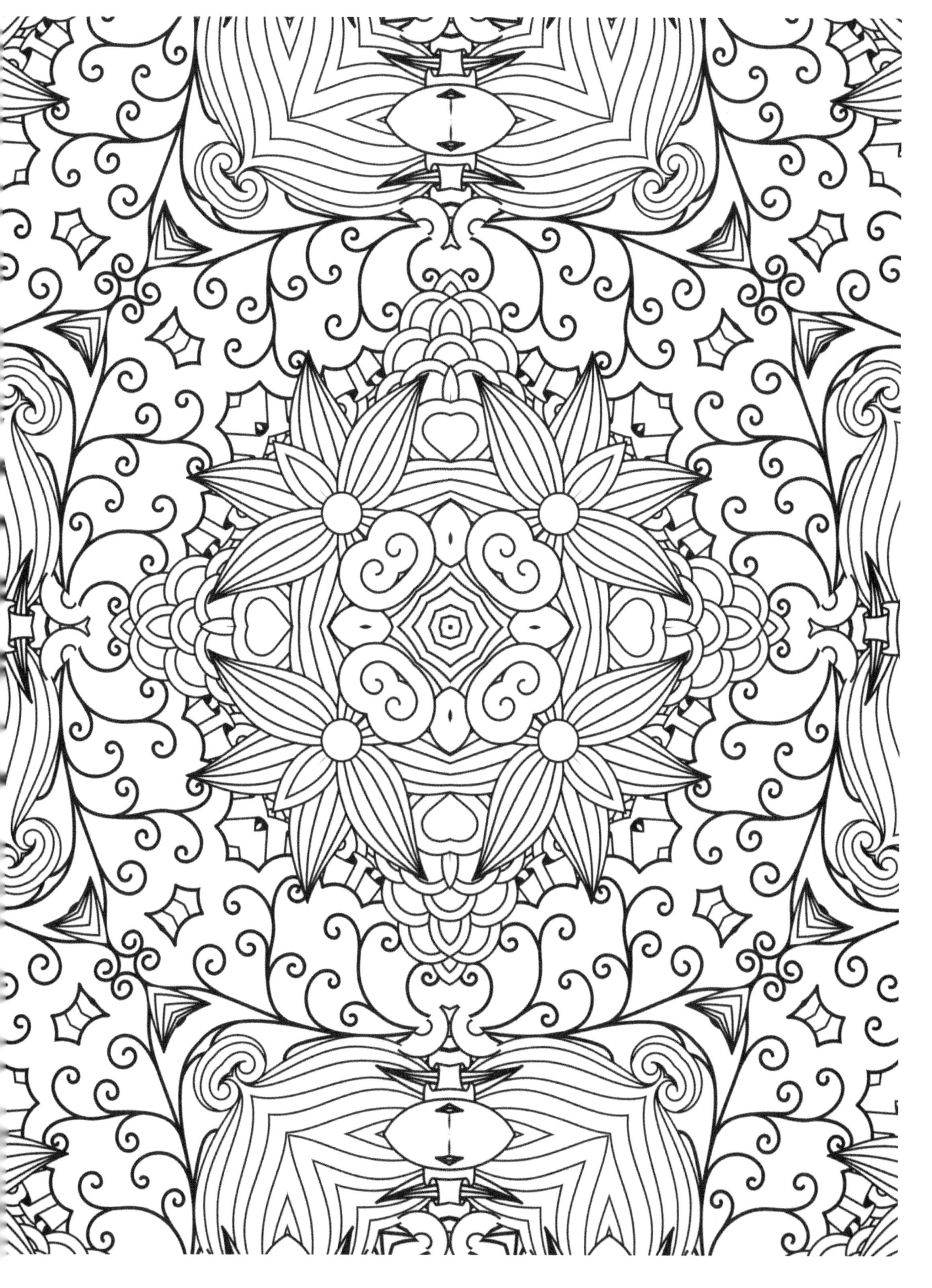